恋愛学・恋愛失敗学入門

INTRODUCTION TO THE THEORY ON RELATIONSHIP: LOVE AND BREAKUP

Ryuho Okawa
大川隆法

事に打ち込まなくてはならなくて、断念しなければならないこともあろう。

恋愛の挫折や失恋が、宗教家を育て、作家や政治家を世に出すきっかけになることもあるだろう。

男女の関係学は、伝統的宗教にとってもカルマの一つである。いきすぎた禁圧には反対しつつも、祝福され、許される恋愛は、応援したいのが今の私の率直な気持ちである。

二〇一四年　一月二十一日

幸福《こうふく》の科学《かがく》グループ創始者《そうししゃ》兼《けん》総裁《そうさい》

幸福《こうふく》の科学大学創立者《かがくだいがくそうりつしゃ》　大川隆法《おおかわりゅうほう》

恋愛学・恋愛失敗学入門　目次

恋愛学・恋愛失敗学入門

二〇一三年十一月五日　収録
東京都・幸福の科学総合本部にて

4 恋愛への罪悪感を解き放つために

恋愛学・恋愛失敗学入門

二〇一三年十一月五日　収録
東京都・幸福の科学総合本部にて

1　学業と恋愛の両立について

司会　本日は、「恋愛学・恋愛失敗学入門」と題し、大川隆法総裁より、質疑応答形式で法話を賜《たまわ》ります。質問のある方は挙手をお願いします。

A――　本日は、ありがとうございます。

大学には、学業に専念しようとする学生もいますが、周《まわ》りに異性と付き合っている人が多いと、変に劣等感《れっとうかん》を抱《いだ》いてしまったり、焦《あせ》ったりする学生も出てくると思います。

そこで、「大学生は、学業と恋愛の両立について、どのように考えたらよいか」ということについて、ご教示いただければ幸いです。

学校では教えてくれない「恋愛学・恋愛失敗学」

大川隆法　本日の演題は「恋愛学入門」としたかったのですが、表題に偽《いつわ》りがあるといけないので、「恋愛学・恋愛失敗学入門」としました（笑）。一応、両方ありうることなので、公平に語れるようにしようとしたわけです。

恋愛は難しいものです。勉強であれば、学校をはじめ、塾や予備校、家庭教師など、教えてくれるところはありますが、恋愛関係になると、正式に教えてくれるところはありません。友達に相談しても、人によってバラバラな答えが返ってくることが多いし、先輩等に訊《き》いても余計に混乱することもあります。親に相談するのも怖いですよね。ですから、正式な答えは、教えてもらえないのです。

学問的に見れば、これは社会学のなかに入るでしょうが、「社会学として、恋愛学、あるいは恋愛失敗学を体系化して完成させた人がいた」という話は、今のところ、聞いたことがありません。やはり、個人的体験を述べるにとどまっているのではないでしょうか。

これは、主として、小説家などの領域に当たるのでしょう。ただ、小説家も自らの体験をもとに書いていることが多いので、「それが普遍性《ふへんせい》を持ったものかどうかは分かりかねる」という点はあります。

大学生であれば、ある程度、各人の裁量に任せるべき

大川隆法　大学生のころというのは、子供の自主権と、親の「まだお金は出しているのだ」というあたりの力とがちょうど拮抗《きっこう》してくるので、非常に難しいところがあります。

先般《せんぱん》、アメリカの連続テレビドラマで、ホワイトハウスでの大統領の日

常生活を描いた「ザ・ウエストウイング」（邦題《ほうだい》「ザ・ホワイトハウス」）という番組を観《み》ました。

クリントン元大統領の娘チェルシーさんがモデルなのかどうかは分かりませんが、大統領には十九歳の娘がいることになっています。そして、大統領の私設秘書に若い黒人青年がいるのですが、あるとき、「大統領、実はご相談があります。大統領の娘さんから、デートを申し込まれました。デートに行ってよろしいですか」と言って、大統領に伺《うかが》いを立てていました。職場上、非常に危険な立場ですね。

すると、大統領は、「娘をホワイトハウスの地下牢《ちかろう》にぶち込め」と言っていました。秘書が「ホワイトハウスには地下牢はございません」と答えると、「地下牢をつくれ」と言っていたのです。アメリカの親でも、日本の親が言うようなことを言うことがあるようです。

そのあと、大統領は考え直し、「私は人種差別者ではない。つまり、君が黒人だから、返事をためらったわけではない」と秘書に語り、一応、認めるものの、「私は軍隊を動かせることを、君は忘れてはいけないぞ」と言っていました（笑）。要するに、「最後は軍隊で襲《おそ》うぞ」という脅《おど》しが入っているわけです。

さらには、軍隊経験のある二十七歳の女性警察官に、女子大生の格好をさせて、娘のエスコート（護衛）に付けていました。拳銃《けんじゅう》を持った護衛を学友のようにして娘に付けたのです。

それを観て、私は、「アメリカでもここまでやるのか。これでは、うちの田舎《いなか》の親父と変わらないではないか」と思いました。自由の国でも、親というのはそんなものなのでしょうか。

軍隊を差し向けられてまで大統領の娘と駆《か》け落ちできるかどうかと言えば、それは、職業を失う危険があるので、非常に怖かろうと思います。

そのくらい親子の関係も強いわけですが、年頃になれば、大統領の娘であろうと誰であろうと、学校ではみな恋愛ぐらいはしているものなので、自分もしてみたくなりますよね。このへんは難しいところでしょう。

皇室でも、同じような経験をされているらしく、海外に留学できるときは、とてもうれしいようです。見張りが減るので、気が楽になるのでしょう。

秋篠宮《あきしののみや》さまは、学習院時代、電車に乗って銀座かどこかの喫茶店《きっさてん》へ行き、女性の友達とお茶を飲んだりしたこともあるそうですが、「私服警官に尾行《びこう》されていて、きちんと報告されていた」という話が、あとから出てきていました。皇族の場合は、きちんと〝網《あみ》〟を張られているので、そんなに簡単なことではないわけです。いろいろと難しいことはあるのだなと思います。

さて、質問は、「周りの人が恋愛をしているときに、そのなかで、自分は独りさみしく孤独《こどく》を保てるか」というような問題ですね。

個人個人が何をしているかは、都市部では比較的《ひかくてき》よく分からないところがありますが、田舎へ行くと目立つことがあって、筑波《つくば》大学あたりでは、よく「3S《スリーエス》」と言うようです。私は、その内容を具体的に挙げることは避けますが、要は、「することがないので、大学生はみな、三つの、『S』が付くものに熱中する」ということのようです。

はたして、千葉県に開学予定の幸福の科学大学の場合は、どうなるでしょうか。私は、この説法をする前、「私が言い方を間違えたら、海岸沿いにある幸福の科学大学の大きな敷地《しきち》に金網が張られ、監視《かんし》カメラが百台ぐらい付けられるかもしれない(笑)。言い方に少し気をつけないといけないね」と話していたのですが、大学生であれば、一応、大人でしょうから、ある程度は各人の裁量に任せなければいけない面はあろうかと思います。

「自分の人生をどのように設計するか」という試《ため》しがすでに始まっているのです。

学生時代は、何をやっても一定の後悔《こうかい》は残る

大川隆法　学生時代は、何をやっても、やらなかったことに対して、みな一定の後悔《こうかい》が残るものです。

例えば、部活に打ち込んだ人は、それがよかったように見えるけれども、それをしなかったほかの人たちはもっと楽しいことをしていたようにも見えます。また、勉強に打ち込んだ人は、勉強せずに遊んだ人がうらやまし

く見えるし、遊んでいた人は、勉強してよい成績を取り、就職などがうまくいった人がうらやましく見えます。そのように、お互い、自分に欠けているところが気になって、自分が恵まれているところにはあまり目が行かないものなのです。

私は、大学生のころ、「何か青春指南《しなん》というか、青春指導のようなものが欲しいな。そういう手引きがないだろうか」と思っていたのですが、なかなか適当なものがありませんでした。

十数年前に亡くなった小説家の遠藤周作は、『沈黙《ちんもく》』という、キリスト教を題材とした重い文学を書く一方、『狐狸庵閑話《こりあんかんわ》』など、遊びの要素

遠藤周作（1923〜1996）

が入った短編のユーモアエッセイもたくさん書いています。狐狸庵閑話とは、「狐《きつね》や狸《たぬき》がいるような所にある庵《いおり》での無駄《むだ》話」という意味ですが、「コリャ、アカンワ」という意味も兼《か》ねているようです。

若いころ、私はこうしたものも読んでいて、彼が、その本の冒頭で、「『わが青春に悔《く》いなし』と書き始めたが、やはり、これは間違いだ。『わが青春に悔いあり』と書くしかない」などと書いていたのを思い出しますが、こうした先輩方の失敗話やドジ話を読み、参考になる面は多かったと思います。

私も、そのころの遠藤周作の年齢《ねんれい》ぐらいになってきたので、「多少、若い年代の方にいろいろなことを言ってあげなければいけないのかな」と思いますが、まあ、厳しいですね。

要するに、「大学生というのは、全体的な目でもって、公平に自分や他人を見ることが決して できない年代である」ということを、まず知っておいていただきたいのです。

そのため、大学時代に何をやっても、必ず、後悔する面は残ります。「やりたいことを少しずつ、全部やれば、それで満足か」「バイキング方式で、いろいろなものを少しずつ、つついたら、それで満足か」と言えば、決してそんなこともなく、やはり、それなりに不完全燃焼感は残るのです。

「大学四年間、ボートを漕《こ》いで過ごしました」という人もいるかもしれないし、「図書館に籠《こ》もり続けました」という人もいるかもしれないし、いろいろな人がいるでしょう。

ただ、最終的には、「結果よければ、すべてよし」のようなところがあって、「結果が悪ければ、何かが悪かった」という話になることが多いのです。

ですから、これはもう、「自分がどういう人間であるかを試されている」と見るしかないのです。

成功の方程式は、人によって違う

大川隆法　成功の方程式は、一通りではありません。「こうすれば、必ず成功する」というわけではなく、それは人によって違うのです。つまり、同じことであっても、別の人がやると、同じ結果にはならないことがあるのです。

一般には、まじめに努力すれば成功することもあります。それは、経営者でも同じです。

ただ、ホンダをつくった本田宗一郎《そういちろう》は、若いころ、芸者をあげて遊びまくっていたようです。また、自宅を建てれば、地下何百メートルまで掘って地下水を汲《く》み上げ、庭に循環《じゅんかん》式の人工の川をつくり、縁側《えんがわ》で鮎《あゆ》釣《つ》り大会をやるような面白い人ですね。そんな遊びの好き

本田宗一郎（1906～1991）

な人でも、成功したら尊敬され、それほど悪くは言われなくなります。

ところが、普通のサラリーマンがそれをまねしたら、どうなるでしょうか。それはもう袋叩《ふくろだた》きでしょう。「新橋や赤坂など、いろいろな所で遊んでは、自宅で鮎釣り大会をして遊んでいる」などというのは、普通は許されないことです。ただ、その人が起こした成功が大きければ、そのへんも、神話・伝説の類《たぐい》に変わっていくこともあるのです。

そのため、一律には言えないわけです。

最近、当会から霊言を出しましたが、スティーブ・ジョブズもずいぶん変わった人だろうと思います（『公開霊言　スティーブ・ジョブズ　衝撃《しょうげき》の復活』

2012年1月11日に収録された
スティーブ・ジョブズの霊言。

〔幸福の科学出版刊〕参照）。

彼の外見というか、スタイルだけをまねすれば成功するかと言えば、決してそんなことはないでしょう。大きな成功をしたので、「Tシャツを着て汚《きたな》いジーパンをはき、ゴロゴロする」ということが原因行為《こうい》のようにも見えますが、そうすれば成功するかと言えば、そんなことは決してないのであって、それは、やはり結果論にしかすぎないのです。

学生のみなさんは、若いうちに、自分としての人生観が固まるところまでは行かないでしょう。しかし、職業上の理想の人や、過去に生きたさまざまな人を見て、ぼんやりとではあるかもしれませんが、最終的に、「この人のような生き方をしたい」など、感じるものはあると思うので、そういう人を手本にして、自分なりの道を選んでいけばよいでしょう。

自分の分《ぶん》に合わないことをやっても、うまくいかないことが多く、やはり、どうしても、自分の分に合った方向に人生は流れていくだろうと思います。

ただ、同じ人格であっても、長い人生には周期があり、何十年も生きている間には、ときどき、ブレが来ます。修行する期間、発散する期間、勉強する期間、〝大暴《おおあば》れ〟する期間など、緩急《かんきゅう》の異なる、いろいろな時期が来るのです。そういう人生全体のバイオリズムもよく考えたほうがよいでしょう。

「自分は今、周期的に忍耐《にんたい》の時代に入った」と思うか、あるいは、「今は発散すべき時期、活躍すべき時期だ」と思うか、そのへんはいろいろあると思います。

まじめに過ごした人のほうが、トータルでは得をする

大川隆法　全般的に述べるとすれば、学生時代をまじめに過ごした人は損をしたように見えることが多いのですが、全体に幅《はば》広くじっと観察している限り、私の目には、やはり、比較的まじめに過ごした人のほうがトータルではやや得をしているように見えます。

若いころは、人の目を引く行為をして、ほかの人をぐらつかせるよう

な人に対して、「すごいな」と思うこともあるのですが、そういう人には、「いつの間にか、それほどの人ではなくなっている」という傾向が多いような気がします。

特に、そういう人は、ほかの人ができないようなことをして見せたがる気《け》があるんですよ。

幸福の科学学園には、灘《なだ》高出身の校長がいますが、私が学生のころ、灘高あたりで、勉強ができることを見せたがる人のなかには、「金髪の美女を連れて歩いている」という噂《うわさ》を伝説のようにして流す人もいました。そういう話を聞けば、普通は「悔《くや》しい。高校生の分際で、金髪の美女を連れてデートしているなんて」と思いますよね。「英語の家庭教師ではないか」

という説もなかったわけではないのですが、そういう噂をやたらと流す人がいたのです。

東京であれば、麻布《あざぶ》高校にも、高校生のくせに、短大生あるいは短大卒業生あたりのお金持ちと付き合い、相手にお金を払わせてデートをしているような人がいました。そういうことをやたらと言っては、周りの人をグラグラさせ、誘惑《ゆうわく》する人がいるのです。

ただ、そういう生き方でも、うまくいく人はいるのかもしれませんが、「その生き方は、自分のタイプに合っているか、合っていないか」ということは考えたほうがよいでしょう。

合っているのであれば、そういう生き方でもよいとは思います。将来的

に、違った道を歩んでいく場合もあるのです。例えば、将来、俳優等にな
る人であれば、学生時代にいろいろな遊びや付き合いなどをしたほうがよ
いかもしれません。そういう道もあるわけです。あるいは、もう少し堅《かた》い
仕事に就《つ》く人もいるだろうと思います。
ただ、女性の場合、高学歴になればなるほど、たいてい、堅い感じの人
で、堅い職業に就きたがるような人と結婚する傾向が強かったように思い
ます。

自分の人生にとって何を大事と考えるか

大川隆法　もちろん、人生にはいろいろと乱数表のようなものが出てくるので、一概《いちがい》には言えません。

世の中には、非常にまじめな職業もあります。例えば、私が聞いた範囲《はんい》では、裁判官になって裁判所に勤めたら、ガード下の〝赤提灯《あかちょうちん》〟をくぐるだけでもけっこう大変らしいです。「裁判官がガード下で酒を飲み、愚痴《ぐち》を言っているところを他人に聞かれてはまずい」と言っていた人もいましたし、「人を裁く身である自分が、誰にも知られていないからといって、裁かれる側だったら引っ掛《か》かるようなものに手を染めてはいけない」と、強く自己暗示をかけて頑張っている人もいました。

私はたまたま商社に入りましたが、当時、銀行と商社はどちらかというと、わりに花形《はながた》で、「銀行へは比較的まじめな人が行き、少し〝崩《くず》れた〟人が商社へ行く」と言われていました。

その商社に入ると、大学時代の常識はほとんど引っ繰《く》り返ったのです。私が「常識だ」と思っていたことはどれも「非常識」で、まるで人間ではないかのような言い方をよくされましたね。「へえ、そんなものか」と思うようなことは、ずいぶんありました。

要するに、自分の人生にとって何を大事と考えるかは、やはり各人の問題であり、それについての責任は、自分にかかってくるということです。

ですから、そのへんは分かりません。

まじめ一方で出世して偉《えら》くなる人もいるし、出世しても、隙《すき》を見ては、いろいろと社会的見聞《けんぶん》を広めたり、遊びをしたりする人もいます。

先ほど述べた本田宗一郎のような人もいれば、田中角栄《かくえい》のように、現職の総理大臣にあっても、赤坂で毎日のように、昼間から芸者をあげて遊んでいた人もいます。これは、意表を突《つ》く〝高知能犯〟です。夜、遊びに行くと、記者が張り込んでいるので記事に書かれますが、昼間はみな油断しているわけです。

まさか、昼にお茶屋へ行き、「茶漬《ちゃづ》けを食べる」と言ってなかに入り、そこで遊んで帰ってきているとは、誰も考えないので、気がつかれなかったようです。

精力絶倫《ぜつりん》ぶりが窺《うかが》われますが、それにしても〝恐《おそ》ろしい〟までの人ですね。現職の総理大臣で、真っ昼間から芸者と遊べるほどの体力と気力、さらには、その後も仕事ができるだけの実力があったということは、恐れ入る次第です。

世の中にはいろいろな人がいるので、自分のタイプをよく見て、選べばよいと思います。

その際、人に相談することもあれば、人の言葉に影響《えいきょう》を受けることもあると思いますが、時代が変わっていくこともあるので、そのへんを考えつつも、ある程度、自分が目標にしている人の書いた言葉や語った言葉などを参考にすることが大事でしょう。

時代は、家庭的なものを緩《ゆる》くする方向に流れてきている

大川隆法　今、イスラム教について、戒律《かいりつ》の厳しさや不自由さが言われていますが、百年以上前であれば、キリスト教もまったく同じ状態でした。

一九〇〇年ごろにトマス・ハーディが書いた『テス』という小説を読むと、「純粋無垢《じゅんすいむく》で穢《けが》れのないテスが、疲《つか》れ果てて眠っている間に大地主のどら息子か何かに

『Tess of the d'Urbervilles』
（ダーバヴィル家のテス）
イギリスの小説。邦訳では『テス』の題名で出版されることが多い。

悪さをされて、妊娠《にんしん》してしまい、それがもとで教会から見放され、転落する。そして、最後は、相手を殺して捕《つか》まり、絞首刑《こうしゅけい》になって死ぬ」という話が描かれています。わずか百年余り前の小説です。

今であれば、まったく起こりえないような話ですが、キリスト教徒にも、百年余り前までは、イスラム教徒に言われているようなことがあったのです。このように、時代的に変わっていくこともあるので、何とも言えません。

日本であれば、戦前は、姦通罪《かんつうざい》が刑法で定められていましたし、さらに江戸時代は、死刑になるような重罪でした。モーセの十戒《じっかい》と同じレベルだった時代もあるのです。日本もどんどん変化しています。こうした時代の変化もあるので、何とも言えないのです。

ここ百年ほどは、全体に、家庭的なものを緩《ゆる》くしていく方向に流れてきているように思いますが、いずれまた逆流現象も起きるかもしれません。時代は行ったり来たりしながら進んでいくのではないかと思います。

私の感じとしては、世界各国を見る限り、「異性に対する罪悪感を強く言いすぎると、同性愛の傾向が出てくる」ということは一つ言えると思います。

学生時代、私は、アンドレ・ジイドの『狭《せま》き門』を読み、「とてもいいな」と思ったこともあるのですが、大人になってみると、「ジイドには同性愛の傾向があっ

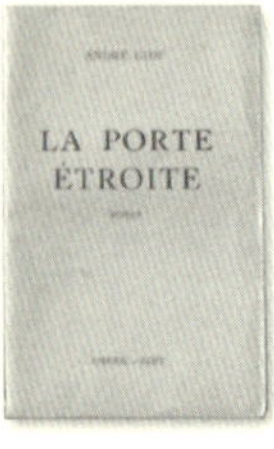

『La Porte Étroite』(狭き門)
フランスの小説。1909年出版。

た。つまり、異性を罪悪視して、どうしても異性に近寄れず、付き合えなかったところがあった」ということが見えてきたのです。

異性を罪悪視しすぎると同性愛的になることもあるし、逆に、解放しすぎても、同性愛的な方向に走る場合もあります。まあ、「同性愛が社会のトレンドだ」という考えも、今後、出てくるかもしれないので、これについても何とも言えないところはあります。

社会的責任が取れる範囲内で、自己発揮する

大川隆法　ただ、世の中には、ある程度のタブーがあったほうが長続きす

ることもあるので、「タブー等にも、ちょっとした智慧《ちえ》の部分があるのかな」と思うところもあります。

例えば、海に泳ぎに行くと、「ここは安全ですから泳いで構いません」ということで、ブイで囲ってある遊泳区域と、泳いではいけない遊泳禁止区域とがあります。

泳ぎの上手な人であれば、その囲いから抜けて外を泳いでも、別に溺《おぼ》れ死にはしないだろうと思いますが、一応、ブイで囲まれた範囲内で泳いでいれば、監視員が救えるということなのでしょう。このへんが、社会の法律や道徳、規範などの範囲に当たるのだろうと思うのです。

したがって、学生時代は、一般的に言えば〝多数派〟、法律学的に言えば〝通説・判例主義の人〟が、「あまりよくない」と言うようなことは、ある程度、慎《つつし》んだほうがよいと思います。限度を知り、社会的責任が取れる範囲内で自己発揮するということでしょうか。

分《ぶん》に合わないことはしなかった私の学生時代

大川隆法　私は、どちらかというと、才能の足らざるを知っていたほうであったので、「この少ない才能で何かを開花させるとしたら、やはり集中させないと無理だな」と考えていました。ですから、学生時代を器用に生きようとはあまりしなかったのです。どちらかといえば、非常にワンパターンに精力を集中していたほうだったと思います。

ただ、私にも、浮《うわ》ついた話が全然なかったわけではありません。「多少、脱線《だっせん》してほしい」という声も一部あるので、少しお話ししましょう。

学生時代、私は、一人だけの下宿に入っていたのですが、一回だけ、女子学生を誘《さそ》って家に連れてこようと試みたことがあります。裏口まで連れてきて、勝手口から入ろうとしたとき、なんと、高校時代の同級生が上から出てきたのです（会場笑）。彼は、一時間ぐらい前に来て、私の部屋がある二階で待っていたらしいのですが、私が来ないので、「もう帰ろう」と思って出てきたところで、そことガチャンとかち合ったわけです。

「本当にもう、こいつはどうなっているのだろうか。よりによって、一生に一回しかないような日に来るとは」と思いましたが、彼も気まずかったらしく、その後は、一回来たっきりで、もう来なくなりました。大学卒業後、ＮＨＫに入って、その後どこかに飛ばされ、今は姿が見えなくなっています。

そのように、一回だけ、「連れてこよう」と思って、そうしたところ、家に入る寸前で、たまたま高校で同じクラスだった友人に会ってしまい、思わず天を見上げましたね（笑）。天に向かって、「これは誰か見張っている人がいるな。誰が邪魔《じゃま》しているんだ？〝責任者〟、出てこい！」と言いたい感じがありました。「私は見張られている」という感覚をはっきりと感じたのです。「あとで、誰が見張っているのか突きとめてやろう。こんな芸当をする人は許せない」と思ったものです。一秒か二秒でも違えば、違っていたかもしれないのに、ドンピシャリで会って、抑止《よくし》されたのです。まるで監視カメラが付いているようでした。

私には、そのくらいしか経験がなく、それ以外は、まじめな学生生活を送りました。基本的に、「分《ぶん》に合わないことはしない」ということですね。

私は、大学生協でトレンチコートを買っても、後ろに〝バッテン〟が付いたままで半年も着ているような男でした（笑）。焦《こ》げ茶のトレンチコートの後ろに、白糸でバッテンに縫《ぬ》ってある意味について、教わったことがないし、授業でも聞かないので、どうしても分からなかったのです。ずっと半年間そのままにしていて、春、クリーニングに出すころに、「それは買ったときに外すものだ」と言われ、「そうか。そんなものなのか」と、そこで初めて知りました。

この程度のレベルであったために、「女性を誘ってどこかへ連れていく」などということは、私には十年早い世界であったことは事実ですね。

まあ、そういう人は、自分に向かないことにはあまり無駄なエネルギーを割《さ》かず、自分に向いたことをやるのがよいでしょう。

一方、恋愛のほうで能力を発揮される人には、豊富な人生経験を生かして、それなりに生きる道もあるだろうとは思います。ただ、思わぬ不覚を取ることもあります。「河童《かっぱ》の川流れ」「猿《さる》も木から落ちる」という諺《ことわざ》どおり、思わぬ失敗をすることもあるので、少し気をつけなければいけないこともあるかもしれません。

基本的には「自分に合っているかどうか」を考えよ

大川隆法　全体的に、「こうしなさい」とはっきり言うことはできませんが、基本的には、「自分に合っているか、合っていないか」ということを考えて、合っていないことにはあまり深入りしないほうがよいでしょう。「付き合いだけで自分もやる」というのは、しないほうがよいのです。

ただ、「自分の興味・関心を引き、将来的にもその方向の延長上に自分の将来が見える」というなら、お付き合いの範囲で、そういう方面に入っていっても構わないと思います。

あとは、長い人生から見ると、人生には周期があって、ときどき、変わり目が来るので、そのときはそのときでまた、新しい分野に自分の経験を広げていくことも大事でしょう。

最初の質問に対しては、この程度で、まずは流しておきたいと思います。

2 「だめんず（ダメ男《おとこ》）」と別れられない女性へのアドバイス

B――私が二十代の女性の方から実際に相談を受けた二つのケースについてお伺《うかが》いしたいと思います。

一つ目ですが、美人で気立てがよくて仕事もできる女性なのですが、お付き合いしている彼氏が、いわゆる「だめんず」、つまりダメ男《おとこ》なのです。

大川隆法　「だめんず」ですか。そういう言葉が定着していますか。

B――　はい。その女性は情《じょう》に厚《あつ》くて、その男性となかなか別れられないで苦しんでいるというケースです。

もう一つのケースは、男性とのお付き合いの経験がほとんどないにもかかわらず、性欲が非常に募《つの》って、悶々《もんもん》としているという方の悩みです。

大川隆法　女性ですか。

B――　女性です。月に何度かそういう状態になるということで、こうした女性たちへのアドバイスをどうかお願いいたします。

マメに〝奉仕《ほうし》〟してくる男性だと、便利で手放せなくなる

大川隆法　昼間の二時台からこういう話はなかなかできませんね。理事長に代わってほしいぐらいです（会場笑）。

まず、最初の女性のケースからいきましょう。

「だめんず」という少しショックな言葉が定着してきているようですが、「かなり条件のよさそうなタイプの女性が、そういう男性に引っ掛《か》かってしまって、別れることができない」という悩みですね。

他人からは見えない面もあるので、そこが分かりにくいところです。例えば、相手はダメな男だと承知しながら付き合い、切れないでいるのでしょうか。二人だけのときは、どういう会話をしているのでしょうか。あるいは、二人の間にはすごく愛着のある思い出があるのでしょうか。いろいろなことがあると思うのですが、そのへんは第三者から見て分からないのです。人生相談を受けても、相談者が肝心《かんじん》なことは言わずに隠《かく》している場合もあるので、どうしても分かりかねる面があるんですよ。

ただ、私がこれまで観察してきた結果から見ると、そういうダメ男が、傍《はた》から見て釣《つ》り合うはずがないような女性とできている場合、十中八九、その相手は非常にマメな男のはずです。「マメ男《おとこ》」なのです。

見た目が悪く、頭も悪く、給料も安くて、出世の見込みもなさそうなのに、いい女性をつかまえているということは、客観的にはありえないのですが、その場合、相手は、たいてい、すごくマメな男性なのです。

しかも、それは尋常《じんじょう》ではないマメさです。普通の男性で、そういう女性と釣り合うと思われるようなエリート男性やイケメン男性は、それほどマメにはなれません。「自分ぐらいの男だったら、あるいは、自分ぐらいのエリートだったら、自分ぐらいの金持ちだったら、自分ぐらいのイケメンだったら、女性がすり寄ってきても、三回に一回応じてやるぐらいでいいかな」と思うぐらいのプライドを持っている男性は、あまりマメではないのですが、ダメ男の場合は、〝攻撃力《こうげき》〟が凄《すさ》まじいのです。

あの手この手で、マメに連絡を入れてきたり、手紙を書いてきたり、誕生日等の記念日にプレゼントを持ってきたりなど、女性に延々と〝ご奉《ほう》仕《し》〟することが多いのです。そうすると、女性のほうは、罠《わな》にはまっていくように、だんだん逃げられなくなってくるんですね。

ほかにもいい男性は大勢いるのですが、そういう男性を口説《くど》くのは面倒《めんどう》くさいものです。一方、ダメ男の場合は、黙《だま》っていても、宅配便のようにやって来るので、便利なのです。何となく便利で、手放せない感覚が出てくるんですね。

逆に言えば、これが、だめんずが、美女などの難関の女性を口説く方法の一つです。「人の二倍も三倍も、あるいは十倍もマメになることで、自分の能力を超《こ》えて女性を口説くことができる」という、確たる法則があるのです。

ただ、失敗した場合は、ストーカーと化して、警察に通報されることもあります。警官に見張られて、「ちょっと君、署まで同行願いたい」という事態になることがたまにあるので、この一線については用心してください。

男性は〝撃《う》ち落とされる〟寸前まで接近を試みるもの

大川隆法　ストーカー認定された場合は危険ですが、一般《いっぱん》には、ストーカーになるスレスレのところまで行かないと、結婚はできないとも言われています。男性は、一応、スクランブル（緊急発進《きんきゅう》）をかけられて、〝撃《う》ち落とされる〟寸前まで接近を試みるものです。これは、「相手の女性にとって我慢《がまん》できる限界がどのへんか」ということと関係してくると思います。

私は、商社時代、同僚《どうりょう》だけでなく、先輩・上司から見ても、「かったるい」というか、「まことに見ていられない」というか、「腹が立つ」というか、「もうどうにかならないのか」というところがかなりあったらしく、「手が後ろに回る（逮捕《たいほ》）寸前まで行かなければ駄目《だめ》だぞ。そこまで行かなかったら、結婚なんかできるものではない」と言われ、ずいぶんけしかけられたものです。今であれば、完全にストーカー行為で、捕《つか》まる可能性のあるようなことだったのですが、そこまでけしかける上司もいたのです。私は、それほど下手《へた》そうに見えていたのでしょう。

また、ニューヨーク勤務時代にも、悪い先輩たちがたくさんいて、〝あいつに金髪美女を抱かせるプロジェクト〟などというものをつくられたことがあります（笑）（会場笑）。「何とかして金髪美女をくっつけてやろう」ということで、用意周到《しゅうとう》に計画を練って、いろいろと仕掛けてきましたが、私はいつも逃げていました。逃げると、彼らは何とか成功させようと、余計頑張っていましたね。

そのころ、ニューヨーク本社のほかの部署に、同期の男性も配属されていました。彼は、留学経験もあり英語が堪能《たんのう》だったのですが、あるとき、街の酒場かどこかで女性を口説いてホテルに連れていき、いい感じのところまで行ったそうです。そして、彼女に「先にシャワーを浴びてください」と言われ、シャワーを浴びていたところ、その間に、お金を持ち逃げされてしまったというのです。

そんな散々な目に遭《あ》った人の例もありましたが、おかげさまで、私はそういうことに遭うこともなく、無事にニューヨーク時代を過ごすことができました。

当時、私は、上司や同僚から、かなり冷やかされましたが、「苦手なものは苦手」ということで、ある程度、逃げていたところがあったと思います。

美人は、意外にほめ上手の男性に弱い

大川隆法　ダメ男の場合には、「マメであり続ける」ということ以外に、もう一つ、「ものすごくほめ上手になる」という方法もあります。

二人だけの会話は聞けないので、少し分からないところはありますが、二人きりになると、ものすごくほめ上手になる男性がいるようです。

一般的に、美人は周囲からいつもほめられていると思われがちですが、意外にほめられていないことがあります。周囲は「当然、いつもほめられているだろう」と思って、ほめないことがあり、本人としては、「もう少

し私のことをほめてほしいな」と思っていることがあるのです。

要するに、「相手は、ほめ上手の男性であって、その人の言葉が耳に心地よいので、その人に引っ掛かっている」という場合もあるのです。

あとは、どういうケースがありうるでしょうか。お付き合いがどのレベルまで行っているかは知りませんが、ダメ男にも、顔はともかく、肉体的にはラグビー選手ができるほどの立派な人もいるかもしれませんし、「何か別な面で相性《あいしょう》がよい」ということもあるかもしれませんね。

3 性欲が募《つの》って悶々《もんもん》としている女性へのアドバイス

大川隆法　もう一つの質問は何でしたか。男性のほうが？

B――　女性のほうです。

大川隆法　ああ、そうでした。女性で、毎月、何度か〝噴火《ふんか》〟しそうになり、どうにも収まらないという悩みでしたね。

その場合は、「噴火日」と書いた紙を貼《は》っておいてくれると、男性たちは非常に助かるでしょう（会場笑）。「ただ今〝噴火中〟です。アタックをかけてもらっても大丈夫です」という趣旨《しゅし》の標識を出してくれると、本当に助かるでしょうね。

運の悪い男性は、女性が〝噴火〟していないときに声を掛《か》けて蹴《け》られ、〝噴火中〟に見逃《みのが》すことが多いです。特にまじめな人ほど勘《かん》が外れ、アタックをかけてよいときにアタックをかけ損ない、アタックをかけるべきでないときにアタックをかけるのです。もう運が悪いとしか言いようがないというか、不器用なのです。

ただ、男性でも観察力の鋭《するど》い人は、女性の考えていることが分かるそうです。分からない人には全然分からないのですが、観察力のある上司になると、見ただけで、「今日、あの子は生理日だ」ということまで分かるようです。

信用のおける人の勧《すす》めに従って、相手を選ぶことも大事

大川隆法　さて、「〝噴火〟する人はどうすればよいか」ということですが、まあ、〝噴火〟したら、最後は、〝溶岩《ようがん》〟は流れるしかないという場合もあるでしょうね。

要は、「仕事関係や人間関係を維持《いじ》しながら、周りの人たちが認めてくれる範囲内《はんい》で、相手を見つけることができるかどうか」ということだろうと思うのです。

しかし、男性に向かって、「私は月に三回〝噴火〟します」などとは簡単に言えないでしょう。それは難しいと思います。だからといって、女性のほうに相談に行っても、「そんなことはお互い様よ」と言われて終わりですから、どうしようもありませんね。

では、そういう女性の場合、どうすればよいでしょうか。いろいろなケースがあるので、その人に当てはまるかは分かりませんが、禁欲的に生きてきた人で、感情的にグワーッと爆発《ばくはつ》を起こす場合もあります。ずっとまじめに生きていても、一定の年齢《ねんれい》を超《こ》えると、もたなくなる場合があるのです。

そういうときは、親なり、友人なり、信用のおける知り合いなりが勧《すす》めてくれる人のなかから、相手を選ぶことも大事でしょう。そうした人の勧めに従って、ステディ（交際）の相手を選ぶなり、結婚するなり、まあ、結婚する前に同棲《どうせい》する場合もあるかもしれませんが、そういうこともあってよいかと思います。

激しいスポーツに励《はげ》むのも一つ

大川隆法　それから、「今は仕事があるために結婚する気はないが、異性経験は豊富で、月に何回か〝噴火〟する」という女性の場合は、厳しいですね。職業にもよるので、何とも言えないのですが、やはり、人から後ろ指をさされない程度の、適当なボーイフレンドを見つけることが大事でしょう。さもなくば、警察官流でいくことです。

警察官の場合、体力があるため、若いうちからムラムラときていて、月三回どころか、毎日のように〝噴火〟している人もいるようです。自ら〝噴火〟しながら、異常者を逮捕《たいほ》しなければいけない立場にあるわけです。これは女性警察官も男性警察官も同じです。

そして、公園などで怪《あや》しげなことに及《およ》んでいる人たちを逮捕するとき、逮捕する側が、「あっ、いいことをしているな」などと思ってしまっては大変なことになるので、それを防ぐために、上官たちは、「柔道《じゅうどう》や剣道《けんどう》等で激しい稽古《けいこ》をつけて、肉体的にクタクタに疲《つか》れさせる」ということをやっているようです。また、合コンのようなチャンスもたくさんつくっているようです。取り締《し》まる側が犯罪者になることもありうるので、そういうことは必要かもしれませんね。

〝速攻《そっこう》〟で落とされた柔道家《じゅうどうか》・山下泰裕《やすひろ》氏の例

大川隆法　スポーツ系の人の場合、「体力がありすぎて、もう止められない」ということもあると思いますが、あまりにも傑出《けっしゅつ》しすぎると、あきらめの境地に入る人もいます。

例えば、柔道家《じゅうどうか》の山下泰裕《やすひろ》さんは、体が大きくて目立つ上、日本中に顔が知られているため、身の隠《かく》しようがなく、結婚については、ある意味でイチコロだったらしいのです。

山下さんがデパートか何かで買い物をしたとき、売り場にいた女性が山下さんのファンだったらしく、品物の送り先を書いたときとかに、住所をキャッチされ、女性のほうから手紙でアタックをかけられたそうです。山下さんの場合、女性とデートをしたら、周りの人に一発で分かってしまい、隠しようがありません。そこで、彼はあきらめて、三回もデートをしないうちに、あっさりと結婚を決めてしまったらしいのです。

山下さんのようなオリンピック金メダルの選手ともなると、接近して落とすことはなかなか難しく、そう簡単ではないでしょう。ただ、有名すぎて、あちこちに出歩いて相手を選ぶことができないような人に対しては、直線的に攻撃《こうげき》して〝速攻《そっこう》〟で落としてしまう方法もありうるのです。

結婚するか、独身を貫くか、人生計画にはいろいろある

大川隆法　人生の道にはいろいろあるので、一通りではありません。

特に、今の日本では、二十代、および、若者と言えるかどうか分かりませんが、三十代の独身男女のうち、「異性と付き合ったことがない、あるいは、異性に関心がない」という人は三〜四割ぐらいいて、結婚しない人が増えてきています。

昔であれば、「周りからいろいろ言われるし、恥《は》ずかしいから、そろそろ所帯を持たなければいけない」と思わせるような世間の目がありました

が、今はそれがとても弱ってきています。そして、「いい会社に勤めていて自由だ」「収入があって自由だ」「職業を持っているから、何も言われない」「丸の内に勤めているから、もう何も言われない」「親が田舎《いなか》にいて離れているから」など、いろいろな理由があって、「独身で自由なほうがよい」という人たちが増えているのです。

確かに、現代は、社会形態としてはかなり崩《くず》れてきているので、昔流の考え方が必ずしも通用するとは思えません。

ただ、そういう人の場合は、おそらく、恋愛に百パーセント燃えて相手のことしか考えられない状態になれないような、何か別のものに対する強い関心を持っていることが多いのではないでしょうか。

そうであれば、時期が来るまで、自分がいちばん関心を持っていることに打ち込むというのも、しかたがないことではあります。

例えば、昔は、女性でも、「作家などで成功しよう」と思う人のなかには、独身を貫《つらぬ》く人もたくさんいたので、今も、そういう人はいるのでしょう。そのへんの今世《こんぜ》の人生計画にも、いろいろあるのではないかと思います。

どうしても結婚したいなら、守護霊にお願いしよう

大川隆法　それから、大きな才能を持っている人の場合、「相手との結婚

生活で生活のリズムが縛《しば》られ、さらに子供ができて家庭のほうに時間を取られる」ということが、なかなか釣《つ》り合わないこともあります。

これについては、都会のほうが比較的寛容度《ひかくてきかんようど》は高く、田舎では少し寛容度が下がります。都会では、何らかの才能が一定以上あって、社長をしている女性もいますよね。なかには、二十代で起業して女社長になっている人もいます。

こういう人の場合、そう簡単に、釣り合う相手を見つけて、社長を辞め、主婦業に回るというわけにはいきません。では、そういう女性に仕《つか》えてくれるような男性がいるかというと、「草食系でなよっとしていて頼りなく、結婚するほどでもない」という相手であることもあります。ただ、そういう相手であるときは、なかなか結婚しないことが多いですね。

まあ、それでも、「どうしても結婚したい」という場合には、守護霊にお願いして、生霊《いきりょう》になって、手頃な男性に〝取り憑《つ》いて〟もらうしか方法はありません（笑）。「誰かにペタッと取り憑いて、引きずってきてください」とお願いするしかないですね。

ただ、相手にそれを打ち返すだけの力があった場合は、敵《かな》わないので、どうしようもありません。

「白馬の騎士《きし》は一瞬で通り過ぎる」と心得よ

大川隆法　優れた女性は、優れた男性を求めることが多いのですが、優れた男性は、自分なりの人生設計を持っていて、けっこう、譲らない生き方をしています。つまり、カチッとした人生目標を持っている男性だと、「お互いに人生をシェアしながらいきましょうね」というような関係は、そう簡単には成り立たないことがあるんですよ。

ですから、美人で頭がよくて仕事もでき、みんなからうらやましがられるような女性は、「仕事の面で成功したい」と思いつつも、たいてい、「白馬の騎士《きし》のような、ものすごくいい男性が現れたら、仕事を投げ捨ててもいい」と思って、二者択一《にしゃたくいつ》的に待っているものです。

そういう男性が、一瞬、現れることはあります。かすることは何回かあります。ところが、そういう男性に限って淡泊《たんぱく》で、新幹線のようにスーッと通り過ぎていくのです。

「三回ぐらい声をかけられたら応じようかな」などと考え、一回、声をかけられても乗らずに次を待っていると、そういういい男性はスーッと通り過ぎて、ほかの女性に走っていってしまうのです。

したがって、自分のところへ来たときに、パシッと一撃でつかまえなければいけません。

しかし、優れた女性の場合、プライドが許しません。「一回、デートを申し込まれたぐらいで、すぐに乗ってしまうのは、とてもプライドが許さない」と思って、普通のパターンで応じているうちに、逃がしてしまうことになるのです。

「人生で一回もかすらない」ということはないのですが、かするときは、新幹線のように通り過ぎます。「自分の仕事を捨ててでも結婚したい」と思うような男性に会うことはありますが、そういう男性は、たいてい、新幹線かリニアモーターカーのように、〝時速二百キロ〟、場合によっては〝時速五百キロ〟ぐらいの速さで現れるのです。

「姿が見えたときに、一瞬で引っ掛けない限り、通り過ぎていく」と思わなければいけないでしょうね。

〝鈍行《どんこう》〟（各駅停車）はいくらでもつかまえられますよ。〝鈍行〟は、たくさんトロトロと走っていますが、優れた女性はおそらく満足できないと思います。

やはり、傍《はた》から「素晴らしい女性だ」と思われ、自分でもそういう自覚のある方の場合は、新幹線、あるいは、それ以上の速度で現れる男性を一撃で引っ掛けるだけの腕《うで》が必要です。心はいつも九十九パーセント仕事に熱中しながら、残りの一パーセントで周りを見て、「これだ！」と思ったら、パシッと一瞬のうちに〝獲物《えもの》〟を手にするぐらいの腕が必要かもしれませんね。

ただ、男性の側から見ると、あまりにも才能のありすぎる女性と結婚した場合、お互いに補完し合う関係になったり、相乗効果が出て職業上プラスになったりして、よいこともありますが、自分とは全然違うところにエネルギーを使うような相手だと、お互いに潰《つぶ》し合う関係になることもあるので、このへんはよく気をつけなければいけないでしょう。

信仰深い人には、巡り合わせてくれる力が働く

大川隆法　最初のほうは、「美女に、もてない男性がくっついている」というケースでしたが、その理由は何となく分かります。一方、月に何回か

〝噴火〟する女性については、もうひとつ分かり切らないところがあります。

男性から見ると、何か表示してほしいところでしょうね。「今は、アタック・オッケーの時期です」と書いておいてくれるか、そういうシグナルでも付けておいてくれれば、本当に助かるだろうと思います。「胸に何々を挿《さ》しているときはオッケーです」などということが分かっていれば、男性たちも楽でしょう。しかし、なかなか分からないわけです。そのへんが気の毒なところですね。

まあ、ここは、信仰深く生きられてはいかがでしょうか。巡り合わせてくれる力が働く場合もけっこうあるのです。

ただ、くっつかないよう、守護霊等に頑張られる場合もあります。そのときはどうしようもありません。「まだ時期が来てない」という場合や、「その相手ではまずい」という場合にはくっつかないようにされることもあるのです。

ですから、自分なりに毎日毎日を充実させながら、ある程度、運を天に任せなければいけない部分もあるのではないかと思います。

恋愛には、欲と欲とのぶつかり合いのところがあるので、必ずしも、百点満点同士の絵に描《か》いたような結婚というのは、そう簡単にできるものではありません。歌手やスターが、千人もの人を呼び、一億円や二億円もかけてホテルで結婚式を挙げることもありますが、すぐ駄目《だめ》になるケースも多いので、そのへんの真実についてては、なかなか難しいものがあると思います。

宗教系の人が異性との付き合いで気をつけるべきこと

大川隆法　さらに考えるべきことは、「人生の重大事とも言うべき、信仰や信条、根本的な考え方などがあまりにも違う相手の場合は、最終的にうまくいかない」ということです。それが普通なので、そのへんを忘れないようにしたほうがよいと思います。

特に、宗教系の人は、女性も男性も、人に対して優しいところがあるので、誤解されることがよくあります。相手から「自分に好意を持ってくれている」と勘違いされ、あとで悲劇的な別れ方をしなければいけないことがけっこうあるのです。

かなり前になりますが、統一協会《とういつきょうかい》の信者の学生に、次のような悲劇が起きたことがあります。

その教団では、女子学生に対して、「東大の男子学生を落とせ。高校の同級生で東大に入った学生を信者にしろ」という命令が出ていたようです。そこで、女子学生は、東大生のところに押しかけて行って、ご飯をつくるなど、やたらと優しくしたらしいのですが、そこまでされれば普通、勘違いをしますよね。しかし、女子学生は教団の命令を受けて、相手を信者にしたくてやっていたのであり、本当に相手のことが好きでやっていたわけではなかったのです。それが発覚したとき、男子学生は逆上し、刃物を持って女子学生を追いかけ回すという刃傷沙汰《にんじょうざた》になったのです。そういう事件が、新聞記事に載《の》ったことがありました。

伝道に熱心なのは結構ですが、やはり、度を越してはいけない面もあります。ハニートラップとまでは言いませんが、こうした「色仕掛《いろじか》け」のようなことはすべきではないでしょう。宗教系の人は少し気をつけなければいけないかと思います。

性欲が盛んな時期を過ぎ越す方法

大川隆法　根本的な解決策はありませんが、だいたい、異性に対してものすごく燃え上がっているときは結婚できないことが多く、〝活火山〟が〝休火山〟になりかかるころに結婚できることが多いのです。

なぜかというと、「人間の生理的な年齢」と「ある程度の、職業的な安定や成功」との間にはどうしてもズレがあるからです。

生理的な年齢で見ると、男性でもそうでしょうが、だいたい、二十歳《はたち》プラスマイナス二歳ぐらいの年代が、いちばん性欲が強くなるころだと思います。

ただ、この年代では、普通はまだ結婚できません。十八歳から二十二歳までの間は、まだ学業期にあるか、あるいは、高卒で就職していても、まだそれほど収入がなく、結婚できる時期ではないことが多いですね。このころに性欲が非常に強くなるのです。

男性の場合、だいたい三十歳近くにならないと結婚できないという状況が明治以降ずっと続いており、明治時代からは、十歳ぐらい年下の奥さんをもらうことも多くなりました。「男性は、そのくらいの年齢になると、落ち着いてきて、収入も十分にあり、年下の奥さんをリードできる」ということで、そのような結婚の仕方が多くなったわけです。

三十歳ぐらいになると、二十歳前後に比べ、溶岩流や火山弾《かざんだん》が噴き上げるような〝噴火〟状態がかなり収まり始め、やや、どうでもよくなってくるような感じになってきます。「いい相手が出てきたら結婚してもよいが、出てこなければ四十歳になってからでもよいかな」という感じになってくる時期があるのです。意外に、そんなときに結婚できることが多く、いちばん〝噴火〟している最中にはなかなか結婚できないことが多いのです。

そこで、あえて〝噴火〟を押しとどめようとするのであれば、「これを達成しよう」という目標を何か自分に課してみるのも一つです。

例えば、世の中には、さまざまな資格試験があるので、何か資格を取ることを目標にしてもよいでしょう。あるいは、スポーツでも、「富士山に登る」「フルマラソンを走る」など、いろいろあると思います。とにかく、「今、自分は迷いのなかにある」と思ったら、何か目標を立てて、その時期を過ぎ越してみるというのも、一つかもしれません。

性欲が盛んになるピークの時期は、意外に、結婚できないものなのだということは知っておいたほうがよいでしょう。

法律的には、男子は十八歳、女子は十六歳で結婚できるので、肉体的には、その年齢でもう大人になっているわけですし、医学的に見ると、出産は、比較的若いうちのほうが女性の体にはよいようですが、現実には、なかなかそのとおりにはならないことが多いのです。まあ、仕事を覚えてくると面白くなってくるところもありますからね。

世間の相場に影響《えいきょう》されて、結婚を焦《あせ》っていないか

大川隆法　〝活火山女子〟でも、外見が普通よりもずっとよくて、もてるタイプの場合、工夫すれば、相手が見つからないことはないでしょうから、要は、「結婚したいという気持ちが本心であるかどうか」というところにあるかもしれません。本心から求めれば、相手は決まるかもしれないのです。

したがって、心を静めて、「今が、本当に結婚したいと思う時期なのか」ということをよく考えてみることです。このへんについては、世間の相場

にけっこう影響《えいきょう》されるんですよ。

昔であれば、会社に入ると、人事部長からクリスマスケーキのたとえ話をよくされたものです。

「みなさん、クリスマスケーキは、何日まで売れると思いますか。はい、十二月二十四日までは売れますね。二十五日はどうですか。二十五日も少しは売れるかもしれません。二十六日はどうですか。二十六日になったらもう売れませんね。みなさん、この数字をよく覚えておいてください」などということを入社式で言われ、怒《おこ》ったりする新入女子社員がけっこういたのです。

今は、その時期が少し上がっており、二十九歳と三十歳のあたりが、一山を越えるかどうかの境目になっています。それを越えると、次に四十歳あたりで、もう一つ、壁が出てきます。四十歳ぐらいで結婚する人もけっこういるのです。

これが最後の壁かと思ったら、実は最後ではなく、最近は、老人ホームでも、恋に落ちて結婚するということが流行《はや》ってきています。結婚するタイミングが先に延びていきつつあるので、人生はそう簡単には分からないのです。

ただ、世間の相場にけっこう左右されていて、それで、結婚を焦《あせ》っているということもあるかもしれません。

皇太子妃《ひ》の雅子《まさこ》さまにも、そういうところがあったようです。二十二歳のとき、皇太子さまから事実上の求婚を間接的に受けたものの、それをお断りしてオックスフォード大学に留学し、逃げに入ったのですが、三十歳になる手前で焦ってしまわれて、「ここまで言われるのなら」「何年も待ってくださったのだから」ということで、結婚されたわけです。

私などは、「どうせ結婚するなら、大学を卒業したあと、申し込まれたときに結婚されてもよかったのではないか」という気もします。「『頭のよし悪《あ》し』と『人生の処世術を考えること』には違いがあるのかな」という気がしないでもありません。

最後は「足ることを知る」ことも必要

大川隆法　みなさんには、いろいろと困難があるでしょうが、最後は、男女ともに自分の要求レベルを、ある程度は調整しなければいけません。やはり、ある程度のところで、足ることを知らなければいけないと思います。

昔、会社に長く勤め、独身を続けている女性に、「どうして、そこまで頑張っているのですか」と訊《き》いたところ、その女性は、「相手が出てくるのをずっと待っていましたが、とうとう現れませんでした」と言っていました。

私は、著書の『常勝思考《じょうしょう》』（幸福の科学出版刊）のなかで、「自分にとって理想の相手を追い求めるのではなく、まず自分づくりをし、理想の相手にふさわしい自分になることが大事だ。そうすれば、相手が出てくる」ということを書いていますが、「なるほど、そういうこともあるのだな」と思いました。

ただ、その人の場合、相手が現れたことに気がつかなかっただけなのかもしれません。そういうこともあるでしょう。

やはり、大きな意味では、運命に身を委《ゆだ》ね、相手が現れるまでの期間、自分のやれることを一つひとつやっていくことが大事ではないかと思います。

『常勝思考』（幸福の科学出版刊）

4　恋愛への罪悪感を解き放つために

C――　質問させていただきます。

実際に、青年の方々からよく相談されるのですが、宗教的な人ほど、恋愛に対して罪悪感を抱《いだ》いてしまうことが多いようです。特に肉体的な関係について、ある種の穢《けが》らわしさのようなものを感じて、恋愛に踏み出せなかったり、パートナーとうまくいかなかったりして、悩んでいる方が多くいます。

先ほどの〝活火山女性〟とは逆になるかもしれませんが、そういった方々に対して、心の指針となるようなアドバイスを賜《たまわ》れればと思います。よろしくお願いいたします。

恋愛・結婚観は宗教によって異なる

大川隆法　やはり、長年積み重なった文化的なものもありますからね。キリスト教なら二千年、仏教なら二千五百年と、積み重なった文化があるので、そういうものの影響《えいきょう》がないわけではありません。

そうした、やや禁欲的に説かれた仏教やキリスト教の影響を受けて、罪悪感を抱いている場合もあれば、日本神道《しんとう》やインドのヒンズー教など、「産めよ、増やせよ、地に満てよ」というような宗教の影響を受けて、あっけらかんとしている場合もあります。

ですから、宗教の傾向による影響は、そうとうあると思うのです。

イスラム教には、すごく寛容《かんよう》なところと、すごく厳しいところとの両方があります。奥さんを四人までもらってもよいというのは、うらやましいように見えるところもありますが、宗教裁判所の許可を取らなければならず、裁判所が許可しなければ奥さんを四人もらえるわけではないのです。

裁判所が許可するのは、「奥さんが複数いても当然と思われるだけの、きちんとした社会的信用や資産があって、何か仕事上も必要がある」という人物の場合のようです。いわゆるマハラジャ（インドの王侯）タイプでしょうか。きちんと仕事をしていて資産があり、社会的にも責任が取れる場合であれば、認められるのですが、普通の生活もやっとの貧乏人には、四人も奥さんは認められないのです。

もし、許可なく他人《ひと》の娘をかっさらった場合、国によっては、娘の父親、もしくは、男の兄弟が相手を殺しに行くことになっているので、イスラム教も大変です。命懸《が》けです。社会的合意を得ずに、かっさらった場合には、殺される運命にあるのです。

昔、私が商社に勤めていたとき、中東に駐在《ちゅうざい》していた人が現地婚をしてしまったことがありました。日本に奥さんがいるので、その人は逃げて帰ってきたのですが、「相手の兄弟が殺しに来る。日本の妻と離婚しなければ命がなくなる」ということで、泣く泣く離婚の話を進めていたのです。そういう人をたまたま知っています。現地で結婚した以上は、もう、「イスラム法に帰依《きえ》するか、死ぬか」のどちらかしかなく、けっこう厳しいものがありますね。

このように、宗教の影響もあるので、何とも言えないところがあります。

一方、キリスト教のカトリックでは、「司祭《しさい》は独身」という状態がずっと続いていますが、独身の人は、人に対して厳しくなる傾向があるので、その意味で、やや罪悪感を教え込む気《け》はあります。

ですから、プロテスタントのほうが、全体的には、緩《ゆる》いと言えば緩いでしょう。プロテスタントの牧師は、結婚して家族を持ってもよいことになっているので、カトリックに比べて少し緩いのです。

そこで、「女性を誘《さそ》うなら、カトリック系かプロテスタント系かをよく見てから誘え」と、よく言われているようです。まあ、こんな話をしてはいけないのですが（笑）。

それから、仏教でも、浄土真宗《じょうどしんしゅう》系になると、若いころにお坊さんになった人もいるでしょうが、何か仕事をしていて人生の途中《とちゅう》でお坊さんになったような人の場合は、女性問題などですごく苦しんだり、失敗したりした人であることも多いようです。浄土真宗系で、途中から僧職《そうしょく》に就《つ》いたような人のなかには、女性問題などで悩み、何か大きな社会的な禊《みそぎ》がしたくなるような心境に陥《おちい》った方も多くいるらしいのです。

そういうことで、宗教によって、特色がいろいろと出てくるようには見えます。

戒律《かいりつ》は、転落を防ぐための防波堤《ぼうはてい》

大川隆法　宗教的に罪悪感を抱く場合、基本的には、幼少時からの両親の教育の影響、あるいは学校の教育の影響が大きいのではないかと思います。

ただ、その場合でも、人間としての社会的成熟の問題もあるでしょう。

まだ学齢期《がくれいき》にある段階の場合は、社会的にやってよいことと、悪いことの区別が分からないこともあります。「男女の情愛の問題は、必ずしも頭脳のよし悪《あ》しとは比例しない」という法則があり、「頭のよし悪しと、『男女関係について大人びた調整が取れるかどうか』という判断力とは、必ずしも比例しない」という意見があって、勉強ができる人ほど、恋愛等については、けっこう幼稚《ようち》なことがあるのです。

そういうことがあって、失敗することが多い若い間は、学校の先生や親など、いろいろな人たちが、社会的にできるだけ守ろうとしていることが多いわけです。

例えば、中学校や高校の場合、女子学生が妊娠《にんしん》してしまったならば、その生徒を退学させる学校はけっこうあるでしょう。大学あたりになれば、もう少し自由度はあるかもしれませんが、中学校や高校では、将来を潰《つぶ》さないようにするために、いろいろと考えて、そうした規則をつくっているわけです。

ところが、生徒を守るためにつくった規則や慣習が、生徒に罪悪感を抱かせてしまうこともあるのです。ただ、そのへんの兼《か》ね合いについては、ある程度、社会的に成熟してきたら、見えてくる面があると思います。

私も、親がどちらかといえば厳しいほうだったので、女性から電話や手紙が来ると、もう大変でした。血相《けっそう》を変えていろいろと言ってくるので、罪悪感をすごく感じたものです。私も、ちょっとはもてたのです。たまに手紙が来ることもありましたが、父などは、やはり「おまえは軟派《なんぱ》だ」とずいぶん言っていましたね。

そうして軟派扱いをされていましたが、商社マンになったときには、今度は、「裁判官が商社マンになったみたいだ」と言われました。見る人の立場によって、見方がずいぶん違うものです。

やはり、戒律《かいりつ》的なものというのは、たいてい、集団生活をしている人たちが、落ちこぼれたり失敗したりしないようにするために、ガイダンス（手引き）として設けていることが多いのです。

したがって、大人になっていくにつれて、ある程度、「ああ、そういう意味だったのか」と分かってきて、自分で社会的責任が取れるようになったならば、戒律的なものを乗り越えて、自分で判断しなければいけない面が出てくるのではないでしょうか。

例えば、飲酒に関しては、十八歳ぐらいから飲める外国も多いのですが、日本はまだ二十歳のところで線を引いています。ただ、実際上は、大学に入ったらすぐに飲酒をしている人はかなり多いでしょう。大学生になると新歓《しんかん》コンパがあるので、法律を破っているだろうとは思います。

これも、自然法的に犯罪というわけではありません。一般的《いっぱんてき》には、まだ学業年齢のときに酒を飲む習慣を持っていると、不良になったり非行に走ったりする傾向がよく出てくるため、防波堤《ぼうはてい》として設けているわけです。

罪悪感に支配されるのは、自己確立できていないから

大川隆法　そういうことで、自分に社会的責任が取れる範囲《はんい》内で、裁量《さいりょう》の範囲、自由の範囲は広がっていきます。

私が、二十代のころ、自分に当てはめていた基準は、「社会的・経済的に責任が取れないうちは、異性には手を出さない。無責任なことはしない」というものでした。そういう方針を守っていたのです。

ただ、世の中にはいろいろな人がいるし、人生観も変わってきているため、何とも言えないところもあるとは思います。いろいろと面白い人生経

験をしないといけない人も、いることはいるのです。

例えば、小説家であれば、堅物《かたぶつ》が小説を書いても、おそらく面白くないでしょう。また、映画監督《かんとく》にもなれないでしょう。そういうこともあるので、将来の職業によって、多少、変化があるかもしれません。

いずれにしても、罪悪感のようなものもあるでしょうが、「罪悪感があるから……」と言っているうちは、ある意味で、まだ自分としての自己確立ができていないのです。

本当に自己確立ができてきたなら、社会的責任が取れて、自分で判断ができます。そして、自分の判断に自信が出てきたなら、「親がこう言っている」「上司がこう言っている」「友人がこう言っている」など、いろいろあったとしても、自分の判断に責任を取って、やらなければいけないことがあるのではないでしょうか。責任がまだ取れないうちは、罪悪感に支配されているのではないかと思います。

一問目でも触れたように、アメリカのあるテレビドラマでは、大統領が、自分の娘が秘書の青年をデートに誘ったという話を聞いて、「娘を地下牢《ちかろう》に入れろ」と言うシーンが流れていました。実際にあったのかどうかは分かりませんが、少なくとも、「そういうシチュエーションは、視聴者《しちょうしゃ》が見て、ありうる」ということでしょう。

このあたりの親の感情は、国籍《こくせき》を超《こ》えても、それほど変わらないものであり、「十九歳になったら、男性とデートぐらいしたいというのは一般には分かるけれども、そんなことをしたら、軍隊でも派遣《はけん》するぞ」と言いかねないような親もいるかもしれないのです。

このへんの、いろいろな社会的価値観のぶつかり合いのなかで、自分なりの道を拓《ひら》いていかなければならないと思います。

恋愛・結婚のあり方は、時代とともに変化する

大川隆法　これからの社会は、やはり流動化が進んでいくと思われます。今はまだ男女の話だけをしていますが、将来はどうなるでしょうか。

日本の憲法には、「婚姻《こんいん》は、両性の合意のみに基《もと》づいて成立」すると書い

てあるため、同性婚は、憲法改正をしない限り法律的には成立しません。しかし、欧米諸国はそちらのほうに流れていっているので、もうすぐ、その影響が日本にも出てくるかもしれません。

それから、最近では、最高裁から、「非嫡出子《ひちゃくしゅつし》（法律上、結婚していない男女にできた子）が嫡出子（法律上の夫婦にできた子）の二分の一しか相続できないのは、法の下《もと》の平等を定めた憲法十四条に反する」という決定が出され、国会のほうに法律の改正案がかけられています。

嫡出子と非嫡出子とは

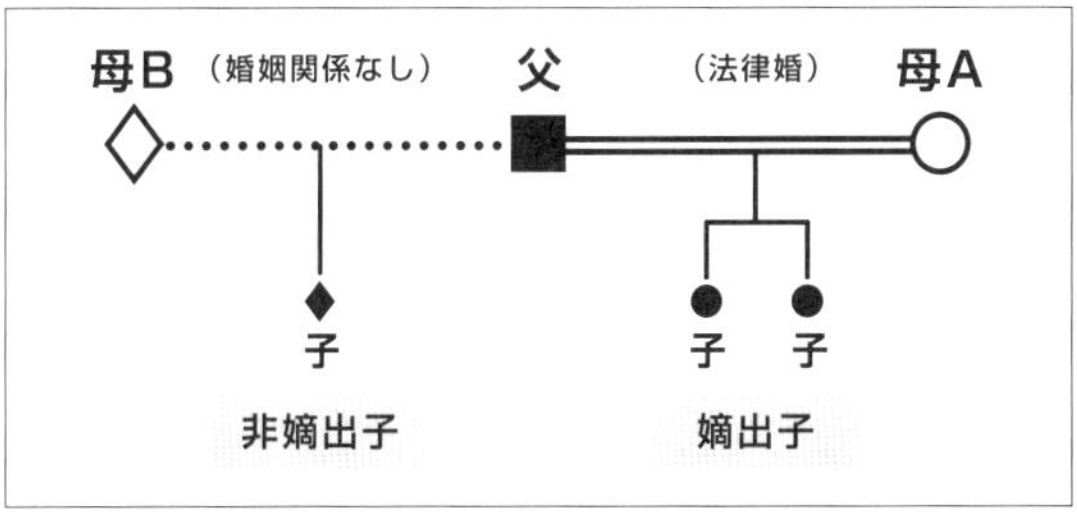

自民党の保守派からは、「最高裁は、こんなデタラメなことを決めたが、責任を取れるのか。もし、これを認め、『結婚しようがしまいが、子供として同じ扱いで、財産も同じように相続できますよ』と言うのであれば、結婚制度や家族制度が壊《こわ》れてしまうではないか。それを推奨《すいしょう》するようなことが、国会としてできるのか」という意見が出ていて、かなり根強い反対があります。

確かに、最高裁の判断そのものを見る限り、ある意味で、最高裁自らが、家族制度の崩壊《ほうかい》を認めたようなところもあります。これには、「今後は、事実婚、あるいは複数婚のようなものもありうる」ということを暗示している面があるかと思います。

そういう意味で、「時代としての正しさ」というのは、確たるものがあるわけではありません。

全体に、幸福の科学の指導霊団等の意見を聞く限り、伝統的な仏教やキリスト教、イスラム教等で、昔、教えていたような厳しい戒律的なものは降りてこないので、戒律的なものについては、時代と人間社会がつくったものものかなりあるのではないかと思います。

では、どういうあり方が好ましいかということですが、やはり、全体的に、社会の防波堤が崩《くず》れるところまでは行かないほうがよいでしょう。ただ、ある程度、社会の合意が取れるようなかたちで、正しいあり方というものが変化していく可能性はあると思います。

例えば、親鸞《しんらん》の時代であれば、僧侶《そうりょ》が妻帯《さいたい》するのは大変なことで、もう崖《がけ》から飛び降りるようなことでした。「地獄に堕《お》ちる」という覚悟をしなければいけないようなことだったのです。

しかし、現代であれば、日本のお坊さんの多くが妻帯していますが、「妻帯したことで地獄へ堕ちる」とは思っていないでしょうし、「自分は浄土真宗を信仰している」とも思っていないでしょう。考え方が変わることもあるわけです。

誰が見ても「悪」と見える犯罪、いわゆる「自然犯」というものがあります。例えば、何の理由もなく人を殺すようなことですが、これに関しては、どの宗教であっても、よくないこととして認めるはずです。

ただし、理由がある場合もあります。銀行強盗《ごうとう》に入り、機関銃《きかんじゅう》を乱射しているような男であれば、私であっても殺すかもしれません。「こんな強盗を生かしておいたら、皆殺しになってしまう」という状況であれば、私であっても、金属バットがあれば、それで後頭部をぶん殴《なぐ》るぐらいのことはするかもしれません。そういうこともあるので、状況によることもあるとは思います。

古い時代につくった罪悪感を持ちきたらす必要はない

大川隆法　今のところ、指導霊団は、昔ほど厳しいことは言っておりません。それは、要するに、「社会の一般的な合意のなかに入っていて、自分で責任が取れる範囲内で、責任を負いなさい」ということなのではないかと私は考えています。ですから、古い時代につくった罪悪感そのものを持ちきたらす必要はないと思います。

罪悪感がいまだに存在している理由の一つとして、「社会的な安定を守る」ということがありますが、これは一般的な〝囲い〟であるので、「自分としては、そのへんの責任が取れる」と思うのであれば、そういう考え方が個人個人にあってもよいでしょう。

例えば、「今、恋愛をしているが、自分は新しい会社を起こして、ベンチャー企業の社長をしているところで大変忙しく、結婚して子育てができるような状態ではない。一方、彼女はバレリーナで、今、売り出そうとしているところだから、家庭を持てるような状況ではない」というようなケースで、「結婚はしていないが、一緒に住んでいる」ということもあるかもしれません。

これは、昔の価値観であれば、正しいことではないかもしれませんが、現代的には、両者とも責任ある大人として了解し、周りの人も認知できるような仲であれば、あえて「いけないこと」と言うほどのことではないと思います。

ただ、親の立場から見れば、一問目で例に挙げた〝大統領〟同様、みな厳しいことは言うものです。親としては、「できるだけ安定したかたちを取りなさい」と言うのが筋でしょう。

自分も、将来、子供を持ったときには、やはり自分の親と同じように感じるかもしれません。親の心に気がつかなかった場合は、自分が子育てをしたとき、それに気がつかされることがあるでしょう。「親に反対されたと思っていたところ、実際、自分に子供ができて子育てをしてみたら、親と同じことをしてしまった」という経験をするかもしれないのです。

もう一つは、恋愛等で失敗したことのある親が、子供に同じ失敗をさせないようにするために、一生懸命、罪悪感を押しつけている場合もあります。そのへんは、やはり、大人になって、見抜いていかなければいけないところがあります。

恋愛等については、多少、雑学を勉強してもよい

大川隆法　あまりに〝滅菌《めっきん》〟して〝純粋培養《じゅんすいばいよう》〟しすぎると、意外に、妥当《だとう》な判断というか、合理的な落としどころが見えなくなる場合もあるので、恋愛等については、やや、雑学を必要とする面があると私も思っています。

当会は、「教義以外は一切読んではいけない」とは言っていないので、多少、雑学を勉強しても構いません。世間にはくだらないものもありますが、いろいろなものを読むなかに、人生のヒントを得ることもあるため、そういうものをすべて否定しているわけではないのです。

社会的な雑学であっても必要なものは、ある程度、勉強してもよいでしょう。仏法真理に則《のっと》った生き方をしていない人の言葉であっても、そのなかに、キラリと光るもの、汲《く》むべきものがあることもあります。世の中には、世間解《※せけんげ》のある人もいるので、そういう人のアドバイスを聞かなければいけないところもあるかもしれません。

私には「戒律で全員を一律に縛《しば》ろう」という気持ちはない

大川隆法　いずれにしても、パンデミック（感染症《かんせんしょう》の世界的流行）のように、社会的に広がると困るような現象というのは、あまり望ましいとは思

※「世間をよく解する人」「世の中の道理や社会のあり方を非常によく知っている人」の意。

いませんが、社会として緩やかな防波堤を築きつつ、そのなかで、責任ある個人が、責任ある判断をし、自分の人生にそれだけの重しを背負おうとするのであれば、その判断に忠実に生きることも一つかと思います。

そういう意味で、今のところ、私には、「一般的な大きな戒律で、全員を一律同じように縛《しば》ろう」という気持ちはあまりありませんし、そういう戒律も、今世《こんぜ》、特には説いていません。

学校には、校則のようなものがあると思いますが、実は、私は、大人について特別な戒律を一つも説いていません。弟子のほうはよく〝説いて〟いますが、私自身は特に説いていないのです。人それぞれに違いがあるので、一律には言えないところがあるからです。

モーセの十戒《じっかい》の六番目には「汝《なんじ》、殺すなかれ」とあります。自然犯的に人を殺すのは悪いことなので、「殺すなかれ」というのは、どこも同じなのですが、ただ、イスラエルがシリアを迷わずに空爆《くうばく》することのなかには、『ユダヤ教徒ではない者を殺すなかれ』とは書かれていない」という解釈《かいしゃく》が入っていることは知らなければいけません。

自分たちのグループに属する者を守るために、過去、戒律のようなものを数多くつくったわけですが、それを広げてしまった場合には、解釈に少し混乱が生まれているような気がします。

また、金銭的な戒律も、古代からたくさんありますが、現代では、それをそのまま通すわけにいかないでしょう。

例えば、タイでは、お坊さんはいまだに現金を手で受け取ってはいけないことになっています。タイのお坊さんからは、当会の支部長は、さぞかし穢らわしく見えていることだろうと思います。おそらく、「僧職にありながら、お金に触れるのは、けしからん。小僧を呼び、そちらに風呂敷《ふろしき》か何かで受け取らせ、銀行に持っていってもらわないといけない。僧侶が直接受け取ってはいけない」と感じているのではないでしょうか（『比較宗教学から観た「幸福の科学」学・入門』〔幸福の科学出版刊〕参照）。

私は、今のところ、そういう古いかたちの戒律は、基本的には立てていません。

『比較宗教学から観た「幸福の科学」学・入門』
―性のタブーと結婚・出家制度―（幸福の科学出版刊）

ただ、教えのなかで方向性は出ているので、そのなかで、個人においても社会においても、前進する方向で物事を考えていってください。

そして、それだけの判断力がまだない人たちに対しては、一定の防波堤があるというのはしかたがないことかと思います。

「幸福の科学の教えでは、自由の大国を目指しているから」と言って、映画館で、カメラ付き携帯電話を使って映画を撮《と》ったら、警察を呼ばれて引き渡されるでしょう。それについて、私は責任を持てません。映画の始まる前に、「撮らないでください」と案内している以上、それは、「売りものだから困る。実害が出る」ということですから、その程度のことを理解するぐらいの判断力は欲しいですね。

「寛容な心」を持ち、複雑な社会を読み解く努力を

大川隆法　それから、先ほど述べたように、同じ女性であっても、〝活火山〟が噴火《ふんか》しているときに誘ったら喜んでもらえても、噴火していないときに誘ったら怒《おこ》られる場合もあります。そのへんについては知っておいていただきたいと思います。

また、人によって、好き嫌いがいろいろとありますが、それが分からないことがあります。

例えば、「タバコの煙がとても嫌いで、これだけはたまらない」「お酒

の臭《にお》いが嫌いだ」、あるいは「ピンクの服は嫌いだ。ピンクの服を見たら、もう鳥肌が立つ」という人だっているかもしれないし、「ハスキーボイスは嫌いだ」という人もいるかもしれません。

まあ、これを言っては怒られるので逆を言いますが、「五十歳を過ぎても髪の毛がフサフサしている人は嫌いだ」という人もいるかもしれません（会場笑）。「髪の毛は薄くなるのが自然な状態であって、秋になったら葉っぱは落ちなければいけない。五十歳を過ぎても髪の毛がフサフサしているのは、もう生臭《なまぐさ》すぎて嫌いだ」という人もいるかもしれませんね。

世の中には、いろいろな趣味《しゅみ》がありますが、相手の好き嫌いに触れてしまった場合には、やればやるほど嫌われることがあります。そのへんは知っておいたほうがよいと思います。

多様な価値観を認める以上、〝方程式〟は無限に出てきます。その無限に出てくる方程式を解いていくというのは、昔より社会が複雑になって難しくなっているということです。そのへんを知らなければいけません。

最近、テレビで、キムタク主演の「安堂《あんどう》ロイド」というドラマをやっているので（収録当時）、私は、主人公の沫嶋黎士《まつしまれいじ》が掛《か》けている眼鏡と同じものを買ってみました。

最初、眼鏡屋で頼んだところ、「あんなものは安物です。うちのものは、もう少し上のランクですので、同じものはありませんが、これであれば似ています」と言われ、別のものを勧められたため、その眼鏡を買いましたが、翌日には、「沫嶋黎士」「安堂ロイド」のネーム入りの〝本物〟をきちんと手に入れたのです。

まあ、安物かもしれませんが、昨日は、その伊達《だて》眼鏡を掛けて子供と外出していました（笑）。私の子供たちには、少し〝いかれた〟父親を許してくれるところもあるのです。こういうのが好きな人も嫌いな人も、世の中にはいるだろうと思います。

現代は、こうした複雑な社会なので、自分に少し甘くなる面があるならば、その分、他の人に対しても、多少、「寛容な心」を持たなければならないでしょう。奇人・変人に対して〝抵抗力〟のある世の中に生きていかなければならないということを知っておいていただきたいと思います。

一般的なガイダンスとして、「危険なことは避《さ》けるように」と言うのは正しいことです。例えば、海岸を警備している人が「今日は波が高いですから、釣《つ》りはやめてください」と言うのは正しいことなので、それは言ってもよいことなのです。

ただ、それは、「一般的に釣りをしてはいけない」ということと同じではありません。その状況を見て言っていることなので、そのへんの理解ができるだけの知能は欲しいです。

また、ある所では許される社会的行為でも、場所が変われば許されないこともあります。真剣に会議をしているときに、言ってはならないような、くだらない冗談《じょうだん》を飛ばしたりしたら、怒られるでしょう。「くだらない冗談は、どうぞアフターファイブに言ってください」と注意されるだろうと思うのです。

そのへんの見極《みきわ》めは少し難しいですが、やはり、やや難しくなった社会を読み解いていく必要はあると思います。

異性に不寛容な人は、社会的経験が不足する場合もある

大川隆法　宗教的に罪悪感を持っている人は、一般にいるでしょう。それでよければ、そのままでもよいのですが、気をつけないと、その分、社会的経験が不足する場合もあります。

例えば、三十歳ぐらいまでは、「異性は罪悪だ。くだらない」という感じで言い続けて、異性を相手にしないでおりながら、三十歳を過ぎてから急に、「周りがみな結婚してしまったので、やはり結婚したくなった」と言い出すような人もいます。その場合、それまで〝恋愛修行〟をしていないために、相手を選ぶ目が悪いことがあります。

そのため、親から見たら、とんでもない相手にくっついて、親から「こんな人を選んでは駄目《だめ》だ」と怒られ、反対されたり勘当《かんどう》されたりするようなこともあるかもしれません。あまり決めつけて言いすぎると、そういうこともあるかもしれないのです。

実は、私の兄も、そういうタイプの人でした。兄は、哲学者《てつがくしゃ》を目指していたので、三十歳過ぎまで、「哲学者は結婚しないものだ。結婚したら堕《だ》落《らく》したことになる」とずっと言い続けていました。そして、三十二歳ぐらいになって、「結婚したい」と言い出したものの、やはり、見る目がないため、親を困らせていたのです。

「哲学者は結婚すべきでない。女は堕落している。穢れている」などと言い張って、女性をさんざん黴菌《ばいきん》扱いしていた男が、三十二歳ぐらいになって、急に「結婚したい」などと言い出しました。これは、弟に見合い話がたくさん来始めたので、焦《あせ》っただけのことだったのです。

ただ、やはり見る目がなく、親からは、「バカなことを言っている」というようなことを言われ、怒られたりしていました。

このように、好き嫌いが激しすぎたために、社会的知性が発展せずに、ある程度のところで止まっている人もいます。そういう人に対しては、「戒律や宗教的罪悪感だけのせいにはし切れない面もありますよ」と、述べておきたいと思います。

世の中で勉強するチャンスは、ほかにもあったはずです。「異性に対して不寛容であり、そのへんの社会的教養を積まなかった場合、その点についての責任が出てくることがあるかもしれない」ということは知っておいてほしいと思います。

罪悪感を理由にして自己弁護していないか

大川隆法　当会は、今のところ、個別の戒律はつくっていませんが、法治社会であるため、「法治国家の一員として守るべきことは守ってください」ということは言っています。

また、人間間《かん》では、会社にいればもちろん会社のルールはあるし、社会人としてのエチケットや、その国での振る舞い方などがいろいろとあるので、「そういう社会的なルールは守ってください」ということも言っています。

あとは、当会の職員に対しては、「修行者としての宗教の職員であるならば、会社に社則があるように、宗教の職員としてのルールがあるので、それを承知の上で入って、修行してください」ということを言っています。それが自分に全然合わないなら、別のところで生きていくのも一つの道でしょう。無理をする必要は決してないと思います。

ただ、少なくとも、「宗教教団にいるから結婚してはいけない」「女性と言葉を交わしてはいけない」「千円札を手にしてはいけない」などという戒律は、現在、基本的にはありません。

「一般社会で守るべきものは、当然守りましょう」「宗教には、当然、期待される規範の範囲が、ある程度、あるでしょう」ということです。それは、当会の教えを読んでいる間に、ある程度、分かってくるものと思います。

一般的な宗教的罪悪感で自己規定する人は、どうか、そのなかに、「他人のせいにする心」や「自己責任から逃《のが》れようとする心」がないか、点検してみてください。そうした心があるならば、自己責任として、もう一度、捉《とら》え直していただきたいと思います。

「自分が結婚できない理由は、宗教的罪悪感があるからだ」と言っても、それは、自己弁護である場合もあるのです。結婚したくなくて、結婚しないのであれば結構ですが、「宗教だからできない」と言うのは、嘘《うそ》に当たります。それは少し違うと思うのです。

いろいろなことを述べましたが、社会としては流動化し、複雑化しており、最高裁と国会でも意見が合わないような時代に入ってきています。「そのなかで、最終的には、『人間の幸福』と『社会の幸福』との両方が釣り合う方向をできるだけ求めていきたい」という方向性だけは持っているということを述べておきたいと思います。

あとがき

恋愛は、教師や親、兄弟姉妹、友人、職場の同僚たちとも波風の立ちやすいテーマである。

恋愛力《れんあいりょく》は、知能とは相関しないらしいこともわかっている。ただ、人間として「賢《かしこ》い」かどうか、「智慧《ちえ》があるかどうか」は試されることになる。

若いうちには節度《せつど》や礼儀を学ぶことも大切だ。また異性の存在が自分を高める方向で働くことが望ましい。しかし、失敗を重ねた人であっても、人間関係への洞察が深くなり、ある種の職業では、人生を豊かにする面もあるだろう。

学生でも社会人でも、ある種のステイタス、プレスティジが伴う人には、自覚と責任が付随《ふずい》することもあろう。それは貯金すると使える金が少なくなって損をしたような気がするが、いつかしら利子がついて増えているような感覚に近い。自分の幸福が、相手の幸福や、健全な社会の発展につながるように考えることを勧《すす》めたい。

二〇一四年　一月二十一日

幸福《こうふく》の科学《かがく》グループ創始者兼総裁《そうししゃけんそうさい》

幸福《こうふく》の科学大学創立者《かがくだいがくそうりつしゃ》　大川隆法《おおかわりゅうほう》

『恋愛学・恋愛失敗学入門』大川隆法著作関連書籍

『常勝思考』（幸福の科学出版刊）
『青春の原点』（同右）
『コーヒー・ブレイク』（同右）
『公開霊言 スティーブ・ジョブズ 衝撃の復活』（同右）
『比較宗教学から観た「幸福の科学」学・入門』（同右）

恋愛学《れんあいがく》・恋愛失敗学入門《れんあいしっぱいがくにゅうもん》

2014年 2月7日　初版第1刷

著　者　大《おお》 川《かわ》 隆《りゅう》 法《ほう》

発行所　幸福の科学出版株式会社

〒107-0052 東京都港区赤坂2丁目10番14号
TEL(03)5573-7700
http://www.irhpress.co.jp/

印刷・製本　株式会社 東京研文社

ISBN978-4-86395-434-2 C0030

Photo: ©vadimmmus-Fotolia.com、Fujifotos/アフロ、
©Kaku Kurita/amanaimages

プロフェッショナルとしての国際ビジネスマンの条件

実用英語だけでは、国際社会で通用しない！ 語学力と教養を兼ね備えた真の国際人をめざし、日本人が世界で活躍するための心構えを語る。

1,500円

仏教学から観た「幸福の科学」分析

東大名誉教授・中村元と仏教学者・渡辺照宏のパースペクティブ（視角）から

仏教は無霊魂説ではない。仏教学の権威 中村元氏の死後14年目の衝撃の真実と、渡辺照宏氏の天上界からのメッセージを収録。

1,500円

幸福の科学の基本教義とは何か

真理と信仰をめぐる幸福論

進化し続ける幸福の科学――本当の幸福とは何か。永遠の真理とは？ 信仰とは何なのか？ 総裁自らが説き明かす未来型宗教を知るためのヒント。

1,500円

大川隆法ベストセラーズ・「幸福の科学大学」が目指すもの

「ユング心理学」を宗教分析する

「人間幸福学」から見た心理学の功罪

なぜユングは天上界に還ったのか。どうしてフロイトは地獄に堕ちたのか。分析心理学の創始者が語る、現代心理学の問題点とは。

1,500円

湯川秀樹のスーパーインスピレーション

無限の富を生み出す「未来産業学」

イマジネーション、想像と仮説、そして直観。日本人初のノーベル賞を受賞した天才物理学者が語る、未来産業学の無限の可能性とは。

1,500円

比較宗教学から観た「幸福の科学」学・入門

性のタブーと結婚・出家制度

小乗仏教の戒律の功罪や、同性婚、代理出産、クローンなどの人類の新しい課題に対して、比較宗教学の視点から、仏陀の真意を検証する。

1,500円

※表示価格は本体価格（税別）です。

大川隆法 ベストセラーズ・最新刊

「正しき心の探究」の大切さ

靖国参拝批判、中・韓・米の歴史認識……。「真実の歴史観」と「神の正義」を示し、日本に立ちはだかる問題を解決する、2014年新春提言。

1,500円

大川隆法 霊言シリーズ・最新刊

堺雅人の守護霊が語る 誰も知らない「人気絶頂男の秘密」

人気俳優の素顔に迫る！ 個性的な脇役から主役への躍進、人を魅了する名演技の裏側など、注目秘話満載。

1,400円

舛添要一のスピリチュアル「現代政治分析」入門

守護霊インタビュー

国政、外交、国際政治──。国際政治学者・舛添要一氏の守護霊が語る現代政治の課題と解決策。鋭い分析と高い見識が明らかに！

1,400円

大川隆法 霊言シリーズ・最新刊

日本外交の盲点

外交評論家 岡崎久彦
守護霊メッセージ

日本外交の年頭教書。アメリカ、中国、タイ、北朝鮮、韓国……現在の日本外交の要点を、明晰な頭脳で解き明かす。

1,400円

守護霊インタビュー
タイ・インラック首相から日本へのメッセージ

英語霊言
日本語訳付き

民主化を妨げる伝統仏教の弊害、イスラム勢力による紛争、中国の脅威……政治的混乱に苦しむインラック首相守護霊からのメッセージとは。

1,400円

ハイエク
「新・隷属への道」

「自由の哲学」を考える

消費増税、特定秘密保護法、中国の覇権主義についてハイエクに問う。20世紀を代表する自由主義思想の巨人が天上界から「特別講義」！

1,400円

※表示価格は本体価格（税別）です。

ネルソン・マンデラ ラスト・メッセージ

英語霊言 日本語訳付き

人種差別と戦い、27年もの投獄に耐え、民族融和の理想を貫いた偉大なる指導者・ネルソン・マンデラ。死のわずか6時間後に行われた、復活インタビュー！

1,400 円

渋谷をつくった男

堤清二、死後インタビュー

渋谷を中心に「若者文化」を創り出し、小説家・詩人としても活躍したセゾングループ創業者が、「経営と文化の融合を試みた理由」や「グループ解体の教訓」を激白！

1,400 円

山崎豊子 死後第一声

社会悪の追究、運命に翻弄される人間、その先に待ち受けるものとは――。社会派小説の第一人者が、作品に込めた真意と、死後に赴く世界を語る。

1,400 円

逆転の経営術

豪華装丁 函入り

守護霊インタビュー ジャック・ウェルチ、カルロス・ゴーン、ビル・ゲイツ

会社再建の秘訣から、逆境の乗り越え方、そして無限の富を創りだす方法まで――。世界のトップ経営者3人の守護霊が経営術の真髄を語る。

10,000 円

大川隆法 ベストセラーズ・人間関係、恋愛問題の指針

勇気の法

熱血火の如くあれ

友情や、対人関係に悩む人に。殻を破り、自分を変える後押しをしてくれる、若者必携の一冊。

1,800円

青春の原点

されど、自助努力に生きよ

あなたが恋愛中、守護霊はどんな働きをしているの？「天国的な恋愛」「地獄的な恋愛」とは？　精神的なものがキラっと光る恋愛をしよう。

1,400円

コーヒー・ブレイク

幸せを呼び込む27の知恵

すてきな相手と巡り合うためには、どうしたらいいの？　恋愛・結婚、家庭、仕事、人間関係――毎日できる、ちょっとした実践法がたっぷり。

1,200円

※表示価格は本体価格（税別）です。

大川隆法ベストセラーズ・充実した青春を送るために

Think Big!

未来を拓く挑戦者たちへ

「劣等感と自己顕示欲の間にあって、心揺れながらも、未来を切り拓いてゆくことこそ、青春を生きる者の特権である」――。さわやかな成功者になるための秘訣が分かる!

1,500円

知的青春のすすめ

輝く未来へのヒント

対人関係における「頭の良さ」とは何か? 本物のキラメキを放つ成功者とは。自分を磨き、夢を叶えるための手引書。

1,500円

英語が開く「人生論」「仕事論」

知的幸福実現論

あなたの英語力が、この国の未来を救う――。国際的な視野と交渉力を身につけ、あなたの英語力を飛躍的にアップさせる秘訣が満載。

1,400円

幸福の科学大学の魅力

1 夢にチャレンジする大学

今世《こんぜ》の「使命」と「志《こころざし》」の発見をサポートし、学生自身の個性や強みに基づいた人生計画の設計と実現への道筋を明確に描きます。

2 真の教養を身につける大学

仏法真理を徹底的に学びつつ心の修行を重ね、魂の器《うつわ》を広げます。仏法真理を土台に、正しい価値判断ができる真の教養人を目指します。

3 実戦力を鍛える大学

実戦《じっせん》レベルまで専門知識を高め、第一線で活躍するリーダーと交流を持つことによって、現場感覚や実戦力を鍛《きた》え、成果を伴《ともな》う学問を究《きわ》めます。

4 世界をひとつにする大学

自分の意見や考えを英語で伝える発信力を身につけ、宗教や文化の違いを越えて、人々を魂レベルで感化《かんか》できるグローバル・リーダーを育てます。

5 未来を創造する大学

未来社会や未来産業の姿を描き、そこから実現に必要な新発見・新発明を導き出します。過去の思想や学問を総決算し、新文明の創造を目指します。

校舎棟の正面

学生寮

大学完成イメージ

Noblesse《ノーブレス》 Oblige《オブリージ》 「高貴なる義務」を果たす、「真のエリート」を目指せ。

幸福の科学学園

中学校・高等学校（那須本校）

Happy Science Academy Junior and Senior High School

「私は、
教育が人間を創ると
信じている一人である。
若い人たちに、
夢とロマンと、精進、
勇気の大切さを伝えたい。
この国を、全世界を、
ユートピアに変えていく力を
出してもらいたいのだ。」

（幸福の科学学園 創立記念碑より）

幸福の科学学園 創立者
大川隆法

幸福の科学学園（那須本校）は、幸福の科学の教育理念のもとにつくられた、男女共学、全寮制の中学校・高等学校です。自由闊達な校風のもと、「高度な知性」と「徳育」を融合させ、社会に貢献するリーダーの養成を目指しており、2013年4月には開校三周年を迎えました。

Noblesse《ノーブレス》 Oblige《オブリージ》　「高貴なる義務」を果たす、「真のエリート」を目指せ。

2013年 春 開校

幸福の科学学園
関西中学校・高等学校

Happy Science Academy
Kansai Junior and Senior High School

私は日本に
真のエリート校を創り、
世界の模範としたい
という気概に満ちている。
『幸福の科学学園』は、
私の『希望』であり、
『宝』でもある。
世界を変えていく、
多才かつ多彩な人材が、
今後、数限りなく
輩出されていくことだろう。
（幸福の科学学園関西校 創立記念碑より）

幸福の科学学園 創立者
大川隆法

滋賀県大津市、美しい琵琶湖の西岸に建つ幸福の科学学園（関西校）は、男女共学、通学も入寮も可能な中学校・高等学校です。発展・繁栄を校風とし、宗教教育や企業家教育を通して、学力と企業家精神、徳力を備えた、未来の世界に責任を持つ「世界のリーダー」を輩出することを目指しています。

幸福の科学学園・教育の特色

「徳ある英才」の創造

教科「宗教」で真理を学び、行事や部活動、寮を含めた学校生活全体で実修して、ノーブレス・オブリージ(高貴なる義務)を果たす「徳ある英才」を育てていきます。

体育祭

天分を伸ばす「創造性教育」

教科「探究創造」で、偉人学習に力を入れると共に、日本文化や国際コミュニケーションなどの教養教育を施すことで、各自が自分の使命・理想像を発見できるよう導きます。さらに高大連携教育で、知識のみならず、知識の応用能力も磨き、企業家精神も養成します。芸術面にも力を入れます。

探究創造科発表会

一人ひとりの進度に合わせた「きめ細やかな進学指導」

熱意溢れる上質の授業をベースに、一人ひとりの強みと弱みを分析して対策を立てます。強みを伸ばす「特別講習」や、弱点を分かるところまでさかのぼって克服する「補講」や「個別指導」で、第一志望に合格する進学指導を実現します。

授業の様子

自立心と友情を育てる「寮制」

寮は、真なる自立を促し、信じ合える仲間をつくる場です。親元を離れ、団体生活を送ることで、縦・横の関係を学び、力強い自立心と友情、社会性を養います。

毎朝夕のお祈りの時間

幸福の科学学園の進学指導

1 英数先行型授業

受験に大切な英語と数学を特に重視。「わかる」(解法理解) まで教え、「できる」(解法応用)、「点がとれる」(スピード訓練) まで繰り返し演習しながら、高校三年間の内容を高校二年までにマスター。高校二年からの文理別科目も余裕で仕上げられる効率的学習設計です。

2 習熟度別授業

英語・数学は、中学一年から習熟度別クラス編成による授業を実施。生徒のレベルに応じてきめ細やかに指導します。各教科ごとに作成された学習計画と、合格までのロードマップに基づいて、大学受験に向けた学力強化を図ります。

3 基礎力強化の補講と個別指導

基礎レベルの強化が必要な生徒には、放課後や夕食後の時間に、英数中心の補講を実施。特に数学においては、授業の中で行われる確認テストで合格に満たない場合は、できるまで徹底した補講を行います。さらに、カフェテリアなどでの質疑対応の形で個別指導も行います。

4 特別講習

夏期・冬期の休業中には、中学一年から高校二年まで、特別講習を実施。中学生は国・数・英の三教科を中心に、高校一年からは五教科でそれぞれ実力別に分けた講座を開講し、実力養成を図ります。高校二年からは、春期講習会も実施し、大学受験に向けて、より強化します。

5 幸福の科学大学(仮称・設置認可申請予定)への進学

二〇一五年四月開学予定の幸福の科学大学への進学を目指す生徒を対象に、推薦制度を設ける予定です。留学用英語や専門基礎の先取りなど、社会で役立つ学問の基礎を指導します。

授業の様子

仏法真理塾

サクセスNo.1

未来の菩薩を育て、仏国土ユートピアを目指す！

仏法真理塾「サクセスNo.1」とは

宗教法人幸福の科学による信仰教育の機関です。信仰教育・徳育にウエイトを置きつつ、将来、社会人として活躍するための学力養成にも力を注いでいます。

サクセスNo.1 東京本校（戸越精舎内）

「サクセスNo.1」のねらいには、「仏法真理と子どもの教育面での成長とを一体化させる」ということが根本にあるのです。

大川隆法総裁　御法話『「サクセスNo.1」の精神』より

仏法真理塾「サクセスNo.1」の教育について

信仰教育が育む健全な心

御法話拝聴や祈願、経典の学習会などを通して、仏の子としての「正しい心」を学びます。

学業修行で学力を伸ばす

忍耐力や集中力、克己心を磨き、努力によって道を拓く喜びを体得します。

法友との交流で友情を築く

塾生同士の交流も活発です。お互いに信仰の価値観を共有するなかで、深い友情が育まれます。

●サクセスNo.1は全国に、本校・拠点・支部校を展開しています。

東京本校
TEL.03-5750-0747　FAX.03-5750-0737

名古屋本校
TEL.052-930-6389　FAX.052-930-6390

大阪本校
TEL.06-6271-7787　FAX.06-6271-7831

京滋本校
TEL.075-694-1777　FAX.075-661-8864

神戸本校
TEL.078-381-6227　FAX.078-381-6228

西東京本校
TEL.042-643-0722　FAX.042-643-0723

札幌本校
TEL.011-768-7734　FAX.011-768-7738

福岡本校
TEL.092-732-7200　FAX.092-732-7110

宇都宮本校
TEL.028-611-4780　FAX.028-611-4781

高松本校
TEL.087-811-2775　FAX.087-821-9177

沖縄本校
TEL.098-917-0472　FAX.098-917-0473

広島拠点
TEL.090-4913-7771　FAX.082-533-7733

岡山拠点
TEL.086-207-2070　FAX.086-207-2033

北陸拠点
TEL.080-3460-3754　FAX.076-464-1341

大宮拠点
TEL.048-778-9047　FAX.048-778-9047

全国支部校のお問い合わせは、
サクセスNo.1 東京本校（TEL. 03-5750-0747）まで。

メール info@success.irh.jp

エンゼルプランV

信仰教育をベースに、知育や創造活動も行っています。

信仰に基づいて、幼児の心を豊かに育む情操教育を行っています。また、知育や創造活動を通して、ひとりひとりの子どもの個性を大切に伸ばします。お母さんたちの心の交流の場ともなっています。

TEL 03-5750-0757　FAX 03-5750-0767
メール angel-plan-v@kofuku-no-kagaku.or.jp

ネバー・マインド

不登校の子どもたちを支援するスクール。

「ネバー・マインド」とは、幸福の科学グループの不登校児支援スクールです。「信仰教育」と「学業支援」「体力増強」を柱に、合宿をはじめとするさまざまなプログラムで、再登校へのチャレンジと、進路先の受験対策指導、生活リズムの改善、心の通う仲間づくりを応援します。

TEL 03-5750-1741　FAX 03-5750-0734
メール nevermind@happy-science.org

ユー・アー・エンゼル!（あなたは天使!）運動

障害児の不安や悩みに取り組み、ご両親を励まし、勇気づける、障害児支援のボランティア運動です。学生や経験豊富なボランティアを中心に、全国各地で、障害児向けの信仰教育を行っています。保護者向けには、交流会や、医療者・特別支援教育者による勉強会、メール相談を行っています。

TEL 03-5750-1741　FAX 03-5750-0734
メール you-are-angel@happy-science.org

シニア・プラン21

生涯反省で人生を再生・新生し、希望に満ちた生涯現役人生を生きる仏法真理道場です。週1回、開催される研修には、年齢を問わず、多くの方が参加しています。現在、全国8カ所（東京、名古屋、大阪、福岡、新潟、仙台、札幌、千葉）で開校中です。

東京校 TEL 03-6384-0778　FAX 03-6384-0779
メール senior-plan@kofuku-no-kagaku.or.jp

入会のご案内

あなたも、幸福の科学に集い、ほんとうの幸福を見つけてみませんか？

幸福の科学では、大川隆法総裁が説く仏法真理をもとに、
「どうすれば幸福になれるのか、また、
他の人を幸福にできるのか」を学び、実践しています。

入会

大川隆法総裁の教えを信じ、学ぼうとする方なら、どなたでも入会できます。入会された方には、『入会版「正心法語」』が授与されます。（入会の奉納は1,000円目安です）

ネットでも**入会**できます。詳しくは、下記URLへ。
happy-science.jp/joinus

三帰《さんき》誓願《せいがん》

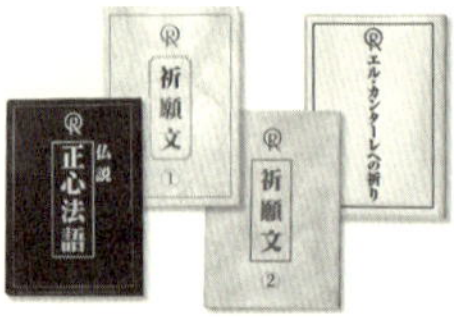

仏弟子としてさらに信仰を深めたい方は、仏・法・僧の三宝への帰依を誓う「三帰誓願式」を受けることができます。三帰誓願者には、『仏説・正心法語』『祈願文①』『祈願文②』『エル・カンターレへの祈り』が授与されます。

植福《しょくふく》の会

植福は、ユートピア建設のために、自分の富を差し出す尊い布施の行為です。布施の機会として、毎月1口1,000円からお申込みいただける、「植福の会」がございます。

「植福の会」に参加された方のうちご希望の方には、幸福の科学の小冊子（毎月1回）をお送りいたします。詳しくは、下記の電話番号までお問い合わせください。

月刊「幸福の科学」

ザ・伝道

ヤング・ブッダ

ヘルメス・エンゼルズ

INFORMATION
幸福の科学サービスセンター
TEL. 03-5793-1727（受付時間 火～金：10～20時／土・日：10～18時）
宗教法人 幸福の科学 公式サイト **happy-science.jp**